SOCIÉTÉ BOTANIQUE DE FRANCE

BOMBARDEMENT

DU MUSÉUM D'HISTOIRE NATURELLE DE PARIS

PAR L'ARMÉE ALLEMANDE

EN JANVIER 1871

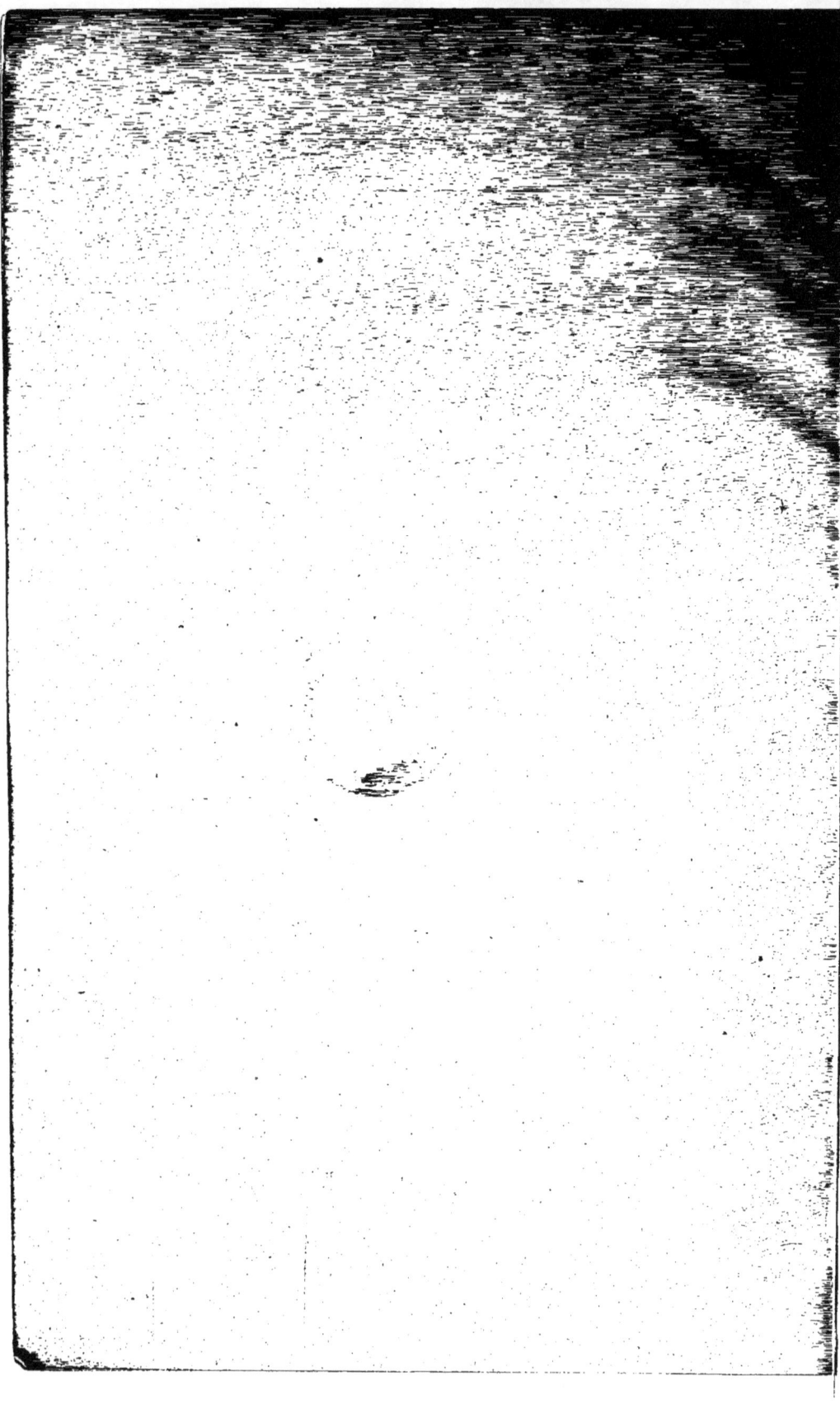

SOCIÉTÉ BOTANIQUE DE FRANCE

BOMBARDEMENT

DU MUSÉUM D'HISTOIRE NATURELLE DE PARIS

PAR L'ARMÉE ALLEMANDE

EN JANVIER 1871

RAPPORT

PRÉSENTÉ A LA SOCIÉTÉ DANS SA SÉANCE DU 27 JANVIER 1871

PAR

M. Augustin DELONDRE

L'Institut de France, réuni le 18 septembre 1870 en assemblée générale comprenant les cinq classes dont il se compose, a constaté qu'une armée allemande, en faisant le siége de Strasbourg, en soumettant la ville à un bombardement cruel, venait d'endommager gravement son admirable cathédrale, de brûler sa précieuse bibliothèque, et, partant de ce fait, s'est préoccupé, au milieu de toutes les douleurs de la patrie, des intérêts qu'il a la mission spéciale de défendre. Il a rédigé en conséquence et publié une déclaration par laquelle il protestait contre la possibilité du bombardement de Paris; cette déclaration est reproduite dans les publications officielles de l'Institut (1).

(1) Un exemplaire a été déposé dans les archives de la Société botanique de France.

La Société botanique de France, fondée à Paris le 23 avril 1854, avait déjà cru devoir, en reprenant à la date habituelle le cours de ses réunions, donner unanimement, dans sa séance du 11 novembre 1870, son adhésion pleine et entière à cette solennelle déclaration, en insistant sur la préservation des herbiers publics et privés, qui craignaient surtout l'action du feu, et de la conservation desquels elle se préoccupait spécialement, comme base de ses études.

La protestation de la Société botanique avait été reproduite dans les *Comptes rendus* de l'Académie des sciences (séance du 28 novembre 1870). Plus récemment, Paris étant déjà investi et assiégé depuis le 17 septembre 1870, M. Faye, président de l'Académie des sciences, a donné, dans la séance du 9 janvier 1871, la parole au vénérable M. Chevreul, directeur du Muséum, qui a fait la lecture de la déclaration suivante :

« Le Jardin des plantes médicinales, fondé à Paris par édit du roi Louis XIII, à la date du mois de janvier 1626,

» Devenu le Muséum d'histoire naturelle, par décret de la Convention, du 10 juin 1793,

» Fut bombardé, sous le règne de Guillaume 1er roi de Prusse, comte de Bismark chancelier, par l'armée prussienne, dans la nuit du 8 au 9 janvier 1871.

» Jusque-là il avait été respecté de tous les partis et de tous les pouvoirs nationaux et étrangers.

» E. CHEVREUL, *Directeur.* »

Comme on le voit, il ne s'agissait plus de protester contre la possibilité, mais il fallait s'élever contre le fait même du bombardement.

Cette protestation du Muséum devait plus que jamais attirer l'attention de la Société botanique, préoccupée vivement du sort, non-seulement des herbiers du Muséum, mais de ses propres collections, puisque son siége se trouve dans la partie bombardée de la ville de Paris. Aussi cette Société a-t-elle, dans sa séance du 13 de ce mois, nommé une Commission chargée de se rendre au Muséum pour exprimer à M. le Directeur et à MM. les Professeurs-administrateurs, en se mettant au nom de la Société à leur disposition, son adhésion pleine et entière à leur protestation ; la Commission était de plus chargée de se rendre compte des dégâts et d'en faire un rapport qui serait lu dans sa prochaine séance.

La Commission, composée de MM. W. de Schœnefeld, secrétaire général, Gaudefroy et Augustin Delondre, s'est transportée le lundi 16, au Muséum, chez M. le professeur Decaisne, afin de le prier, conformément au vœu de la Société, d'en accepter la présidence, et a visité avec lui les parties de l'établissement qui ont été atteintes. C'est avec le plus profond regret que nous avons pu constater les dévastations sérieuses qui sont consignées dans ce rapport.

Nous remarquerons tout d'abord que le bombardement, contre lequel protestait M. Chevreul dans la séance de l'Académie des sciences du 9 janvier, n'avait pas cessé le lundi 16, jour de la visite que la Commission a faite au Muséum ; jusqu'à cette date, le Muséum avait reçu dix-huit obus, et il en est tombé encore d'autres ultérieurement. Il nous paraît vraiment douteux qu'un bombardement ainsi prolongé pendant plus de huit jours puisse provenir d'une erreur de tir, ainsi que le prétendent, dit-on, les autorités prussiennes.

Un des obus est arrivé au bas de la butte où se trouve le Cèdre-du-Liban, près de l'allée qui va passer entre les deux grands pavillons des serres pour rejoindre l'allée des tilleuls ; un autre avait pénétré en terre, tout contre la serre tempérée, du côté opposé de la même allée ; trois obus sont tombés au bas du pavillon des serres tempérées, et ont projeté du gravier contre le vitrage de ce pavillon, qui a été atteint et brisé à une hauteur de 10 mètres. La serre des Fougères a été atteinte obliquement. Dans le pavillon des Palmiers, tous les carreaux du côté sud sont brisés, probablement par la détonation des obus.

La serre à multiplication, au bas de la terrasse, est complétement effondrée ; aucun carreau n'y est resté intact. Il en est de même de la serre aux Orchidées. Il nous est assurément bien permis de dire ici que la dévastation de cette dernière serre est d'autant plus déplorable que la collection d'Orchidées qui s'y trouvait était la plus complète de France. Combien ont dû souffrir, entre autres, de pareilles plantes originaires d'un climat chaud, lorsque, pendant la nuit du 8 au 9 janvier, elles ont été subitement exposées à un froid intense d'environ — 10 degrés, et ont subi, par conséquent, une différence de température d'au moins 26 degrés ; quelques-unes ont en outre été littéralement hachées par les éclats d'obus.

Les Orchidées des tropiques n'ont pas été, du reste, les seules pertes que nous ayons à mentionner ; quelques plantes, et notamment des Pandanées, ont été réduites à l'état de filasse. Les Cyclanthées ont aussi beaucoup souffert. Parmi les raretés végétales vivantes qui ont été atteintes, nous citerons les Clusiacées et plusieurs espèces nouvelles originaires des îles Philippines. Un magnifique Camphrier (*Camphora officinarum*) a été endommagé par un obus qui en a brisé une forte branche.

M. le professeur Decaisne a fait, du reste, établir une liste des plantes ainsi saccagées : nous la joignons à ce rapport, et nous espérons que tous les directeurs de jardins botaniques français ou étrangers, sous les yeux desquels elle passera, s'efforceront de combler libéralement les regrettables lacunes qu'elle signale dans notre grand établissement scientifique.

La serre où se trouve l'aquarium a eu tous ses carreaux brisés sur une des faces ; quant à l'aquarium, où l'on pouvait admirer naguère une collection précieuse de Marantacées, il a été vidé en grande partie par crainte d'accident, et nous ne pouvons qu'applaudir à cette sage précaution : en effet, cet aquarium se trouve au-dessus des appareils de chauffage des serres, et si une bombe, en tombant dans l'aquarium, l'avait défoncé, l'eau aurait pu inonder les appareils de chauffage et les magasins de combustible, et produire encore d'irréparables désastres.

Si, quittant les serres, nous entrons dans les galeries, et nous nous rendons à celle où se trouvent les reptiles, objet particulier des études d'un professeur dont le Muséum déplore encore la perte toute récente, du bien regretté M. Duméril, de M. Bibron, etc., nous rencontrons les traces de deux obus qui, entrant par la face sud au travers d'un mur de 60 centimètres au moins d'épaisseur, ont traversé la galerie et sont sortis par la face opposée; deux grandes armoires ont été ainsi mises dans l'état le plus complet de dévastation.

A ces galeries ne se borne du reste pas le dégât que la zoologie devra enregistrer au Muséum; d'autres bâtiments du Muséum, consacrés à cette science, ont été atteints. Les laboratoires d'entomologie, de malacologie, d'erpétologie ont été en partie détruits, ainsi que les collections qu'ils renfermaient. Les galeries de botanique, de géologie et de minéralogie n'ont pas été épargnées.

C'est avec une véritable et profonde tristesse que votre rapporteur constatait avec la Commission cette dévastation d'autant plus pénible pour lui que de nombreux liens le rattachaient personnellement au Muséum, où il a des maîtres, peut-être devrait-il dire plutôt des amis, tant ces maîtres lui témoignent de bienveillance, et où il a été admis pendant un temps trop court, à son grand regret, à collaborer avec les sommités scientifiques qui y président à l'enseignement des sciences.

Mais rentrons dans le jardin même, dans lequel plus de cinquante obus sont aujourd'hui tombés, au milieu de cette collection si complète de plantes vivantes de plein air, dans cette école de botanique modèle, si bien disposée pour l'étude.

En général, les collections de plantes vivantes du Jardin royal de Kew, près de Londres, contiennent peut-être des échantillons plus beaux, plus plaisants à la vue, de certaines espèces; mais l'ensemble est loin d'y être aussi complet qu'au Muséum d'histoire naturelle de Paris. Que de dévastations y ont fatalement produites les obus!

Les projectiles ont également atteint les logements des professeurs, et nous avons eu à craindre pour la vie même de maîtres bien-aimés, tels que MM. Chevreul, Brongniart, Milne Edwards, de Quatrefages, Delafosse, Spach, etc.

Professeurs, chefs de service du Muséum, employés, tout le monde enfin, dans l'établissement, est resté à son poste et a rempli avec le plus grand zèle son œuvre de sauvetage. M. le professeur Decaisne a passé toute une semaine sans se reposer ni se coucher (1). Toutes les précautions du reste ont

(1) Dès le 9 janvier notre secrétaire général, et quelques autres de nos confrères aussitôt qu'ils ont appris que le Muséum était devenu l'objectif des obus prussiens, se sont hâtés de s'y rendre et d'offrir leurs services pour aider à réparer le désastre.

été prises. Espérons que nous n'aurons pas maintenant à enregistrer de plus grands malheurs.

Mais nous ne pouvions nous défendre d'une impression encore plus pénible lorsque nous nous rappelions que ce Muséum d'histoire naturelle, ce séjour où les Buffon, les Cuvier, les Geoffroy Saint-Hilaire, les Jussieu, les Brongniart, les Blainville, les Gay-Lussac, les Duméril, etc., etc., ont mis au jour leurs immortels travaux, voyait, comme le disait avec tant de raison le rédacteur d'un de nos journaux politiques, accourir chaque année de tous les points de l'Allemagne des savants qui fouillaient les trésors de ses riches collections, qui chaque année trouvaient au Muséum l'accueil le plus cordial, la plus bienveillante hospitalité. Les registres de notre grand établissement scientifique sont couverts de leurs expressions de gratitude, et cependant, il ne s'est pas trouvé dans toute cette Allemagne, qui se croit le flambeau de l'humanité, une seule voix pour demander que le Muséum fût respecté. Rappelons que, en 1814, c'est à l'influence d'un savant allemand et même berlinois, l'illustre Alexandre de Humboldt, que le Muséum et ses collections ont dû d'être sauvegardés.

Nous observerons encore que c'est sur un espace très-restreint, dans le voisinage de nos collections, que tombent surtout les projectiles, c'est-à-dire dans la partie de l'établissement la plus intéressante au point de vue scientifique.

Y a-t-il eu erreur de tir? Cela ne nous paraît pas possible. Les obus arrivent avec une précision trop mathématique, et d'ailleurs le chemin du Muséum est familier aux nombreux naturalistes de l'Allemagne, et par conséquent sa position topographique bien connue de l'armée prussienne. Ce n'est du reste pas notre seul établissement scientifique endommagé par les bombes germaniques. Notre École des mines a vu aussi ses collections scientifiques soumises aux effets du bombardement, et là encore la précision du tir était remarquable. La Sorbonne, le Collége de France, l'École normale, l'École de pharmacie, le Val-de-Grâce, la bibliothèque Sainte-Geneviève et une foule d'autres établissements scientifiques ont été aussi atteints.

C'est donc en toute connaissance de cause que la Société botanique de France peut voter son adhésion à la protestation faite au nom du Muséum par M. Chevreul, son directeur; mais le siége même de ses séances, le lieu où se trouvent sa bibliothèque, ses herbiers, etc., et où tant de botanistes allemands (notamment en 1867) ont été fraternellement accueillis, est aussi dans la partie bombardée de Paris, sur la rive gauche, comme la plupart de nos établissements scientifiques; elle doit donc avoir à exprimer des craintes sérieuses pour ses collections particulières, et à émettre à ce point de vue une adhésion nouvelle à la protestation actuelle. Heureusement, jusqu'à ce jour, ces dernières craintes ne sont pas encore devenues des réalités.

D'autre part, la science n'exclut pas l'humanité : en face de l'acharnement des armées allemandes, du meurtre des enfants et des femmes sans défense, ne nous sera-t-il pas permis aussi de protester au nom de l'humanité contre cette barbarie scientifiquement organisée, et de nous reposer, d'autre part, un instant sur les nobles et sympathiques actes des Washburne, des Wallace, etc.? L'homme de science et le citoyen les en remercient du fond du cœur.

Paris, 25 janvier 1871.

Augustin DELONDRE.

Liste des végétaux des serres du Muséum qui ont été détruits en janvier 1871, lors du bombardement de Paris, soit par l'action directe des projectiles, soit par l'effet du froid intense auquel il n'a pas été possible de soustraire les plantes instantanément.

Acanthophœnix crinitus.
Acridocarpus.
Acrocomia cubensis.
— Prieurii.
Adansonia digitata.
Adelaster albinervis.
Afzelia africana.
Agalmyla.
Agathophyllum aromaticum.
Aleurites.
Alstonia.
Amomeæ.
Amorphophallus.
Anda Gomezii.
Anthurium maximum.
— rubronervium.
Antiaris toxicaria.
Apeiba glabra.
Aræococcus.
Areca alba.
— coccoides.
— horrida.
— Nibungii.
— nobilis.
— speciosa.
— triandra.
Aristolochia cordiflora.
— Duchartrei.
— labiosa.
— saccata.
Aroidaceæ (species generum).
Arrhostoxylon.
Arrudea clusioides.
Artabotrys.
Artocarpus incisa.
— integrifolia.
Aspidopteris.

Asystasia.
Azolla amazonica.
Bactris acanthocnemis.
— amazonica.
— cariotæfolia.
— Liboniana.
— socialis.
Balanites.
Barringtonia.
Bassia.
Bertholletia excelsa.
Blackwellia.
Borassus flabelliformis.
Botryodendron speciosum.
Bucida.
Burasaia madagascariensis.
Byrsonima.
Calamus Jenkinsonianus.
— latispinus.
— Lewisianus.
— microcarpus.
— robustus.
— Royleanus.
Calathea (species generis).
Calycophyllum.
Canarium.
Carolinea insignis.
— princeps.
Carpotroche.
Caryocar.
Caryophyllus aromaticus.
Ceroxylon ferrugineum.
— niveum.
Choripetalum Porteanum.
Clusiaceæ.
Cochliostema Jacobianum.
Cochlospermum.

Commersonia.
Connaraceæ.
Conocarpus.
Conocephalus Fontanesii.
Cosmibuena obtusifolia.
Cossignia.
Coutarea.
Cryptophragmium.
Cupania.
Cyanophyllum assamicum.
— magnificum.
Cyanospermum.
Cyclantheæ (Carludovica, etc.).
Cynometra.
Dæmonorops fissus.
— perianthus.
— trichrous.
Dialium.
Dichorizandra mosaica.
Didymocarpus.
Dipteryx.
Dipterocarpus.
Dischidia.
Durio zibethinus.
Dypsis pinnatifrons.
Elytraria.
Entada.
Eriolæna.
Erythalis.
Fernelia.
Ficus Sycomorus.

Filices, præcipue spec. generum : { Ceraptoteris. Lindsæa. Saccoloma. Schizæa.

Freycinetia insignis.
— javanica.
— nitida.
Gagnebina.
Galactodendron.
Garcinia Mangostana.
Garuga.
Gaudichaudia.
Glochidion Porteanum.
Gnetum.
Gynocephalum.
Gyrocarpus.
Hecastophyllum.
Hellenia.
Herrania.
Hevea.
Hippomane Mancinella.
Hoya.
Hygrophila.
Hyophorbe Commersoni.
— Verschaffeltii.
Imbricaria.
Iriartea.
Ischnosiphon guianense.

Ischnosiphon obliquum.
— surinamense.
Kielmeyera.
Kleinhovia.
Knoxia.
Lagetta funifera.
— lintearia.
Laplacea.
Latania aurea.
— Loddigesii.
— Verschaffeltii.
Lavoisiera.
Lecythis.
Lepidocaryum gracile.
Licuala peltata.
— spinosa.
Liebigia.
Livistona rotundifolia.
Lucuma deliciosa.
Ludia.
Luxemburgia.
Lysionotus.
Manicaria saccifera.
Mapania silvatica.
Mappa Chantiniana.
Marantaceæ.
Marcetia.
Matisia.
Mauritia.
Memecylon.
Meriana.
Metroxylon læve.
Microlicia.
Mitchelia Champaca.
Mitracarpum.
Monodora.
Monorobea.
Moquilea guianensis.
Musa Abaca.
— coccinea.
— glauca.
— textilis.
Myonima.
Myristica aromatica.
— laurifolia.
— moschata.
— sebifera.
Nastus.
Nepentheæ.
Nipa.
Nymphæaceæ.
Ochna mozambicensis.
Ochroma Lagopus.
Ochrosia.
Olmeyda ferox.
Olyra.
Omphalocarpum.
Pachypodium.
Palicourea.

Pandanophyllum Porteanum.
Pandanus amaryllidifolius.
— Amherstii.
— Blancoi.
— bromeliæfolius.
— Candelabrum.
— caricosus.
— inermis.
— polycephalus.
— Porteanus.
— pygmæus.
— spiralis.
Pariana.
Parkia.
Parsonsia.
Paullinia.
Peixotoa.
Pergularia.
Pharus.
Philodendron calophyllum.
— Melinoni.
— Simsii.
Phœnicophorium Sechellarum.
Pinanga Kuhlii.
— latisecta.
— maculata.
Piptadenia.
Piscidia carthagenensis.
Pistiaceæ.
Plectocomia himalaica.
Pongamia.
Pothos (non Anthuria).
Pyrenaria.
Pyrostria.

Quiinia Decaisniana.
Quivisia.
Rapatea.
Rhynchanthera.
Rhynchotecum.
Saccopetalum.
Saldinia.
Sauropus Gardneri.
Schizolobium glutinosum.
Schmidelia.
Schwabea.
Securidaca volubilis.
Semecarpus.
Serjania.
Simaba Cedron.
Siphonia.
Smeathmannia.
Spachea.
Tetrazygia.
Toddalia.
Toulicia.
Touroulia.
Turræa.
Unisema.
Urania amazonica.
— Mettensis.
Urvillea.
Vinsonia.
Vouapa.
Wolkensteinia Theophrasti.
Xylopia æthiopica.
— frutescens.
Zanopia sarcophylla.
Zingiberaceæ.

ORCHIDEÆ, *præcipue genera :*

Acriopsis.
Bonatea.
Broughtonia.
Colax.
Cyathoglottis.
Evelina.
Galeandra.
Govenia.
Giobia.

Galeottia.
Guebina.
Huntleya.
Ionopsis.
Ponthiæva.
Physurus.
Ornithocephalus.
Sarcadenia.
Scaphiglottis.
Spathium.

Warrea.
Stelis.
Physosiphon.
Masdevallia.
Octomeria.
Pedilonum.
Diothonea.
Ponera.
Barkeria.

La Société, adoptant les conclusions du rapport de M. Delondre, donne son adhésion à l'énergique protestation de M. le directeur du Muséum.

PARIS. — IMPRIMERIE DE L. MARTINET, RUE MIGNON, 2.

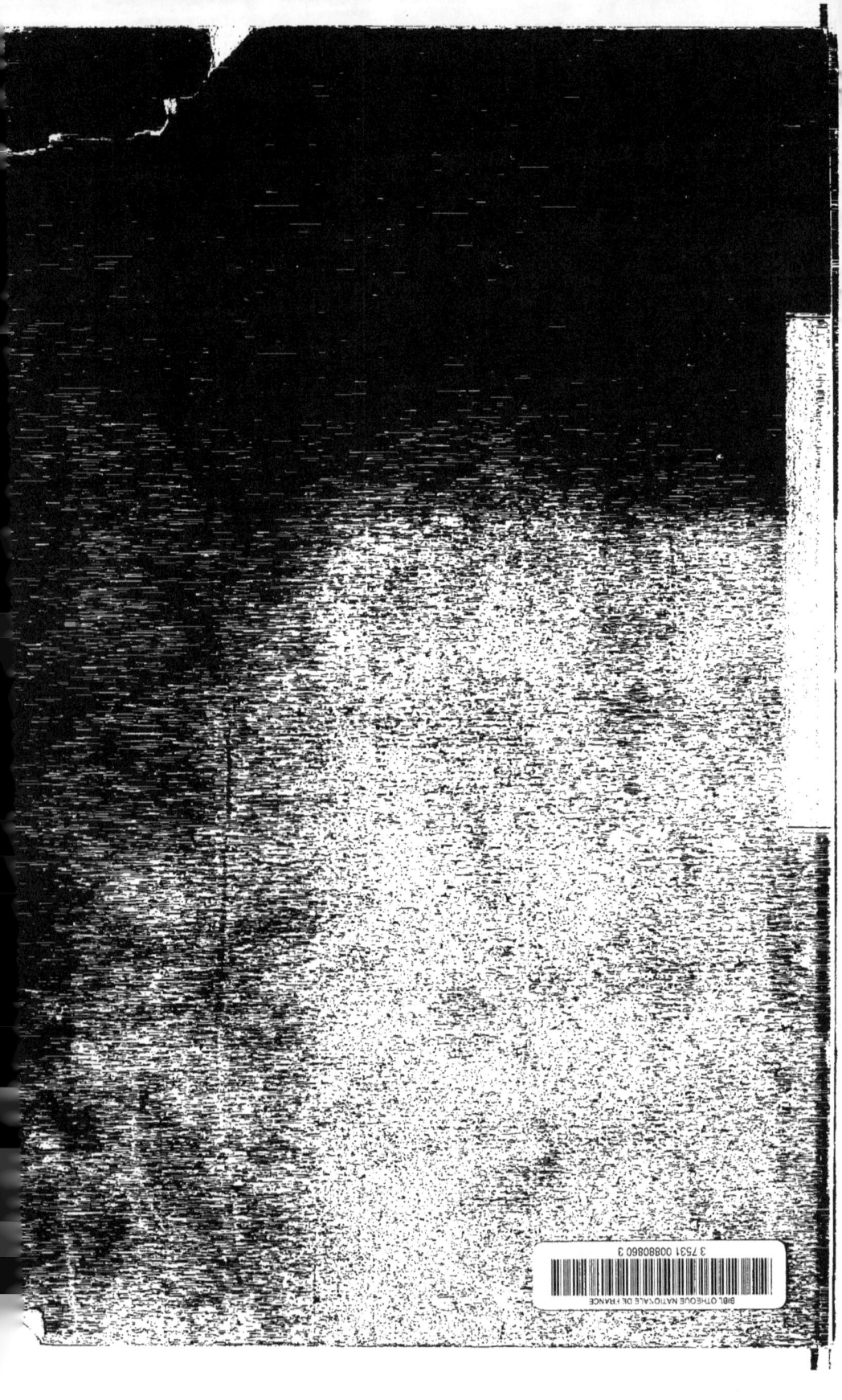

www.ingramcontent.com/pod-product-compliance
Lightning Source LLC
Chambersburg PA
CBHW071443060426
42450CB00009BA/2287